LE MI[NISTÈRE]
DES AFFAIRES
ÉTRANGÈRES

FRANÇOIS PLAISANT

LES ESSENTIELS MILAN

Sommaire

Les mots suivis d'un astérisque (*) sont expliqués dans le Glossaire.

La diplomatie des années 2000

L e ministère des Affaires étrangères est essentiellement l'instrument de la souveraineté extérieure de l'État. C'est pourquoi on le qualifie de « régalien* », mais sa tâche originelle, la diplomatie « classique », s'est développée et métamorphosée au XXᵉ siècle. Dans notre « *monde fini* », aucun problème ne peut plus être traité par un État tout seul : tout est mondial. Aucun aspect d'une question ne peut non plus être isolé des autres ; politique, économie, culture, technique sont liés ; les problèmes transnationaux foisonnent : tout est global. En même temps, les acteurs se multiplient sur la scène internationale. Aux États toujours plus nombreux et aux organisations, gouvernementales ou non, s'ajoutent les collectivités territoriales, les grandes entreprises, les médias. Au sein même de chaque État, diverses administrations sont en contact avec l'étranger. L'intérêt national exige une coordination constante. C'est la vocation du ministère : servir de tour de contrôle à l'action extérieure de la France.

Il est beau mon pays, il est beau...

« *Le temps du monde fini commence.* »
Paul Valéry,
Regards sur le monde actuel.

Du Louvre au quai d'Orsay

**La France a eu des diplomates avant d'avoir
un ministre des Affaires étrangères,
et un ministre avant d'avoir un ministère.**

Des conseillers diplomatiques
aux secrétaires d'État

Les rois de France ont toujours eu une politique
étrangère, mais à l'origine ils la menaient tout seuls,
en direct avec les autres souverains. Ils avaient
des conseillers diplomatiques, tel Commynes pour
Louis XI. Ils envoyaient des ambassades, temporaires
puis permanentes ; mais tout cela ne fait pas un ministère,
un ensemble de services disponibles à volonté. Le roi
n'avait pour l'aider que des « notaires secrétaires
du roi », devenus au XVIe siècle « secrétaires d'État ».
À la fin du siècle, ils sont quatre qui se partagent
la correspondance avec la province et l'étranger.

Louis de Revol, le premier ministre
des Affaires étrangères

Le 1er janvier 1589, un nouveau règlement attribue
le « département* » des étrangers exclusivement
à l'un de ces secrétaires d'État, Louis de Revol. Il est
le premier titulaire du ministère. Il allait voir le roi
chaque jour à 5 heures du matin. Le ministre
des Affaires étrangères était donc très proche du chef
de l'État, et lorsqu'au XVIIIe siècle le pouvoir
se concentre dans un « conseil étroit » dont les membres
portent le titre de ministres d'État, le secrétaire d'État
aux Affaires étrangères en fait toujours partie. Pour
l'aider, Revol avait un commis* et six clercs.

Département

Le nom est resté
au ministère,
les trois autres
ayant changé
d'attributions.

Un secrétariat d'État et des commis

C'est seulement en 1626 qu'est créé un secrétariat
d'État que Croissy, frère de Colbert, et son fils Torcy
articuleront à la fin du siècle en deux bureaux

historique | fonctions du ministère | structures

à compétence géographique, puis trois. En 1709, Torcy crée le Dépôt des archives. Puis apparaissent les interprètes, le jurisconsulte, le bureau des fonds. À la veille de la Révolution, il y a aux Affaires étrangères 39 commis. Ces bureaucrates font une carrière lente et modeste et ne vont jamais à l'étranger.

Des ambassadeurs nobles ou magistrats

Les ambassades, elles, ont d'abord souvent des prélats à leur tête, reflet de la place tenue par les affaires d'Église. Au fil des ans, la fonction se laïcise.

On y trouve de grands seigneurs assez riches et désintéressés pour aller se ruiner dans des postes* de prestige comme Londres et Vienne. Mais nombreux sont aussi les magistrats qui se spécialisent dans les Affaires étrangères et deviennent de grands diplomates professionnels, comme les Courtin ou les d'Avaux. Tous ces ambassadeurs ont une suite étoffée où l'on compte beaucoup de cuisiniers et d'écuyers mais peu de secrétaires, tous payés sur la bourse personnelle de leur chef jusqu'au milieu du XVIIIe siècle.

Vers une organisation de la carrière et du ministère

La Révolution n'aura guère le temps de changer tout cela. Napoléon décide de recruter les diplomates parmi les auditeurs au Conseil d'État. Talleyrand organise une carrière où la séparation entre l'intérieur et l'étranger subsiste. La Restauration donne au ministère une forte structure où se dessine déjà l'hésitation entre le critère géographique et le critère fonctionnel. En 1853, le ministère emménage quai d'Orsay.

Carrière diplomatique

On en a tant parlé que lorsqu'on dit carrière tout court, c'est d'elle qu'il s'agit.

> Comme toutes les vieilles administrations, le Quai d'Orsay a ses traditions : la disponibilité permanente et le sens de la continuité de l'État en font partie.

Du télégraphe à l'Internet

Après des siècles où les méthodes de travail n'ont guère évolué, les lendemains des révolutions de 1848 donnent le départ d'une période de mutation rapide marquée par l'accélération de l'Histoire et des progrès techniques.

Tout se tient

Politique et commercial : « *distinction surannée et forcée* » (rapport de Berthelot, futur secrétaire général, 1907).

L'installation au quai d'Orsay

C'est plus qu'un changement d'adresse. Pour la première fois, un ministère s'établit dans des bâtiments construits pour lui et qui sont, pour l'époque, relativement fonctionnels. Peu après apparaît le télégraphe. L'ambassade est reliée au Département* en temps réel. Les conditions d'exercice du métier sont transformées comme elles ne le seront plus par la suite, même par la dactylographie (1890), le téléphone (fin du siècle) et le chiffrage* automatique à partir de 1950. Il faudra attendre l'informatisation des années 1980 et les techniques actuelles pour en trouver l'équivalent.

Démocratisation et structuration

En 1877, la République entreprend de mettre à jour le recrutement du Quai d'Orsay, resté assez aristocratique dans une Europe presque entièrement monarchique. Un concours est institué, aussi difficile que celui des autres grands corps administratifs, mais laissant encore quelque place à la cooptation, c'est-à-dire au choix des nouveaux par les anciens. Un nouvel organigramme sépare en deux directions le politique et le commercial, qui était traité jusqu'alors par la direction des affaires

État des lieux

L'organigramme en vigueur actuellement résulte d'un décret du 10 décembre 1998.

consulaires. Trente ans plus tard, on crée une grande direction des affaires politiques et commerciales à subdivisions géographiques.

Ramification et coordination

Après la guerre de 1914 apparaissent de nouveaux services répondant à des tâches nouvelles : la presse, les œuvres, embryon de la future direction des relations culturelles, la Société des Nations (SDN). Le besoin croissant de coordination conduit en 1920 à institutionnaliser le secrétaire général, apparu pendant la guerre ; il exerce « *la haute direction de tous les services* » (décret du 21 janvier 1920). En 1945, le ministère revient à la distinction entre affaires politiques et affaires économiques (sauf de 1951 à 1959). Il s'y ajoute la direction générale des relations culturelles puis d'autres services correspondant aux réalités nouvelles : les pactes (gestion des alliances militaires), le désarmement et plus tard la coopération économique européenne. À l'usage, la prolifération des services fonctionnels fait craindre pour la cohésion de la politique menée envers chaque pays. D'où le retour à la géographie avec l'importante réforme de 1976-1978.

Géographisation

Les directions géographiques de la direction politique deviennent autonomes et sont chargées de l'ensemble des affaires bilatérales des pays de leur ressort, qu'elles soient politiques ou économiques, avec un droit de regard sur les affaires culturelles. La direction politique et la direction économique se concentrent sur les affaires multilatérales. La réforme de 1993 avait réuni dans une même direction générale les affaires européennes et économiques, y compris les affaires bilatérales des pays de l'Europe non communautaire, dite « continentale ». Il est vite apparu que ce n'était pas le meilleur moyen de coordonner le pôle européen et le pôle économique. En 1998, cette direction générale disparaît ; des directions autonomes traitent les affaires économiques et financières et les affaires de la Communauté européenne et des pays candidats (*voir* brève ci-contre).

Pays candidats à l'Union européenne

Bulgarie, Chypre, Estonie, Hongrie, Lettonie, Lituanie, Malte, Pologne, Roumanie, Slovaquie, Slovénie, République tchèque, Turquie.

L'organigramme du ministère a toujours oscillé entre le critère géographique et le critère fonctionnel. La logique doit céder devant le pragmatisme et la nécessité de s'adapter sans cesse à l'évolution de la vie internationale.

Traitement de l'information

Le premier devoir du ministère des Affaires étrangères est de fournir aux autorités, à toute heure et sans délai, une information précise, sûre et à jour sur tout problème international.

D'où vient l'information ?

Chaque rédacteur chargé d'une région ou d'un dossier dispose d'abord des mêmes sources que tout le monde : les dépêches d'agences, tombant directement sur son terminal ; la presse et les autres médias, collectés par la Direction de la communication et de l'information (*voir* pp. 32-33) ; les publications spécialisées, conservées à la bibliothèque. Il a accès à Internet par des « bornes » respectant la confidentialité là où c'est nécessaire. Il a un réseau de correspondants susceptibles d'être interrogés rapidement (chaque direction en tient une liste) à l'intérieur et à l'extérieur : collègues, experts, universitaires, milieux d'affaires, groupes de pression ou de réflexion. En outre, il bénéficie des sources propres au Département* : les archives ; l'Intranet*, le réseau d'information interne ; la messagerie électronique avec ses collègues de Paris et de l'étranger ; et surtout le flot des télégrammes* arrivant des postes* sur l'écran de son bureau, qui restent sa principale matière première. L'information foisonne, il reste à la traiter.

Que devient l'information ?

Les nouvelles venant des ambassades arrivent souvent moins vite que celles des agences, sauf s'il s'agit de données confidentielles. Mais elles sont déjà vérifiées et commentées, ce qui n'interdit d'ailleurs pas un « second regard ».
Les autres demandent à être triées, critiquées, analysées par le diplomate traitant à la lumière de

« C'est belle chose être en tous cas bien informé. »
Rabelais, *Tiers Livre*, 1546.

historique | **fonctions du ministère** | structures

son savoir et de son expérience. Il lui appartient aussi d'orienter ce flux. La fonction d'information n'est pas passive : elle implique une veille permanente sur ce qui ne saute pas aux yeux, sur les courants à long terme, sur ce qui annonce les faits et les idées de demain, sur les indices de crise. C'est toute une « météo diplomatique », exigeant initiative et intuition. Dans cet esprit, le rédacteur élabore, sur commande ou de son chef, des analyses ou des synthèses sur l'actualité comme sur les questions de fond.

« Je n'ai fait [cette lettre] plus longue que parce que je n'ai pas eu le loisir de la faire plus courte. » **Pascal,** *Provinciales,* **1656-1657.**

Où va l'information ?

Le propre de l'information diplomatique, à la différence de l'article de presse, c'est d'être tournée vers l'action. Cet objectif donne le ton à toute la production des services. Intitulés, fiches, notes ou dossiers, tous ces travaux sont faits pour être utilisés par des décideurs. Ils doivent par conséquent être clairs, courts et concis. À l'intérieur du ministère, ces notes sont adressées par les directions au secrétaire général et communiquées au cabinet du ministre ou au cabinet sous son couvert. Elles peuvent être retransmises par le cabinet à l'extérieur, c'est-à-dire à d'autres ministères, à l'hôtel Matignon, à l'Élysée ou encore au Parlement ; mais aussi bien à des entreprises, à des associations, à des collectivités territoriales qui contribuent elles aussi à l'image et à l'action de la France au-delà de ses frontières.

L'information, envoyée aux décideurs à une vitesse redoublée par les nouveaux moyens de communication, est à la base de l'action diplomatique.

Coordination

Face à la diversité croissante des Affaires étrangères et à la multiplication des intervenants, le maintien de la cohérence de l'action extérieure demande un effort quotidien de coordination.

Diplomatie du sport

Le Quai d'Orsay a beaucoup fait pour que l'équipe française de rugby fasse escale en 1999 dans les îles Samoa et Tonga (Polynésie), où les essais nucléaires français de 1995 avaient été mal perçus.

« *Les étrangers accrédités n'ont de rapport qu'avec le ministère des Relations extérieures.* »
Arrêté du Directoire du 22 messidor an VII.
Ce qui signifie que les ambassadeurs étrangers en France ne doivent avoir qu'un seul interlocuteur, le ministère des Affaires étrangères.

Les Affaires étrangères se diversifient

Balkans, Afrique centrale, Cachemire..., les problèmes politiques classiques continuent de faire les gros titres des médias. La France, membre permanent du Conseil de sécurité*, ayant des intérêts partout dans le monde, est presque toujours impliquée dans le traitement de ces crises. Elle n'est pas moins engagée dans la diplomatie économique, qu'il s'agisse de fixer le cadre de l'action des entreprises, comme le font l'OMC* et l'Union européenne, ou de soutenir les entreprises françaises. Quant au rayonnement culturel et à la coopération internationale, ce sont des composantes essentielles de la politique extérieure française. D'autres champs d'action s'ouvrent sans cesse : il y a une diplomatie de l'espace, de la science, du sport. Les problèmes transversaux foisonnent : environnement, drogue, criminalité. La plupart du temps, toutes ces questions sont liées et il faut maîtriser leurs interactions.

historique | fonctions du ministère | structures

Les intervenants se multiplient

Au sein même du ministère, la plupart des affaires intéressent plusieurs services. En outre, du fait de la diversification, une bonne vingtaine d'autres ministères agissent à l'étranger. On a compté 28 sections budgétaires concourant à l'action extérieure. D'autres acteurs interviennent : le Parlement, les collectivités territoriales, les grandes entreprises, les médias, les organisations non gouvernementales (ONG). Beaucoup de voix françaises se font ainsi entendre sur la scène internationale ; pour se faire écouter, mieux vaut se concerter et parler d'un même ton.

Le Quai d'Orsay consulte, concerte et coordonne

Le Directoire et Napoléon avaient déjà perçu le problème et investi le ministère des « Relations extérieures », par des textes toujours en vigueur, du monopole des contacts avec les étrangers. De nos jours, il s'agit plutôt de coordination.

À l'intérieur du ministère, la consultation entre services est permanente, facilitée maintenant par la messagerie électronique. Des « groupes charnières » associent les directions concernées par un même sujet et une direction chef de file est responsable de la concertation des positions. Le secrétaire général arbitre, et en dernier ressort le ministre, *via* son cabinet.

À l'extérieur, le ministère entretient des relations systématiques avec les ministères de la Défense, de l'Économie, des Finances et de l'Industrie, de l'Éducation, de la Culture, de l'Intérieur, de la Justice, et d'autres encore. Il coopère à l'action du Parlement. Il est en contact avec les milieux d'affaires. Enfin, depuis 1994, un Comité interministériel des moyens de l'État à l'étranger (CIMEE) fait chaque année l'inventaire des réseaux de l'État à l'étranger et de l'emploi des crédits d'action extérieure.

> Le ministère des Affaires étrangères, selon son titulaire actuel Hubert Védrine, « *ne prétend pas conduire toutes les négociations sur tous les sujets tout le temps* ». Sa fonction spécifique, c'est la maîtrise des interactions et le maintien de l'unité d'action. Il se veut la plaque tournante de tout le système français de relations internationales.

Décision

Tout ministère prépare puis applique des décisions qui sont prises par le pouvoir politique : ministre, gouvernement, président de la République. C'est particulièrement vrai en politique étrangère et en diplomatie.

Politique étrangère et diplomatie

L'usage les confond souvent. Il y a pourtant plus qu'une nuance entre elles.

La politique étrangère, ce sont les grandes options qui correspondent à l'identité d'un pays, à l'idée qu'il se fait de ses intérêts profonds, à ses buts à long terme ; c'est ratifier le traité d'Amsterdam, intervenir avec l'OTAN* au Kosovo. C'est un peu comme la stratégie sur le plan militaire. La diplomatie, ce serait plutôt la tactique. C'est la mise en œuvre de la politique étrangère au contact des partenaires : participer ou non à une conférence et à quel niveau, octroyer ou non un prêt à taux privilégié. En grossissant le trait, on pourrait dire que la politique étrangère ne craint pas de prendre le risque des litiges et que la diplomatie se voue à les résoudre. Le mot désigne aussi l'art de la négociation, et enfin l'ensemble du personnel chargé de ces fonctions.

Le ministère propose

Il lui revient de suggérer rapidement des réactions aux événements extérieurs : initiatives d'autres États (par exemple les essais nucléaires de l'Inde) ou catastrophes naturelles affectant nos compatriotes. Mais mieux vaut encore devancer l'événement, prévoir les risques à force de vigilance attentive, imaginer des mesures, alerter les dirigeants. Anticiper, inventer, concevoir, recommander, c'est la première mission des postes* et des services. L'agent chargé d'un dossier n'est pas un simple exécutant. Il est encouragé à présenter ses idées, qui, s'il inspire confiance, graviront les degrés de la hiérarchie et deviendront peut-être la position de la France. Cela risque

« *La diplomatie n'est que l'application journalière de la politique extérieure.* »
Metternich

historique | fonctions du ministère | structures

d'être long si le sujet est assez technique. Parfois, les circonstances obligent à brûler les étapes, à ouvrir une cellule de crise. Le ministère s'efforce de raccourcir la chaîne hiérarchique et d'abréger les processus de décision en exploitant les nouvelles techniques d'information et de communication. La récente réorganisation de l'administration centrale stipule que chaque direction dans son domaine « *définit et met en œuvre* » l'action de la France. La décision finale relève évidemment du niveau politique.

Le pouvoir politique dispose

Le ministre est le chef de la diplomatie. Comme ses collègues, il est maître de ses services et de leur activité. Comme eux aussi, il doit présenter certaines de ses propositions au Conseil des ministres. Mais sa situation est particulière parce que la Constitution de 1958 confère au président de la République un rôle éminent en politique étrangère. Le ministre est donc appelé à collaborer étroitement avec le Président, ainsi qu'avec le Premier ministre, chef du Gouvernement qui, selon la Constitution, «détermine et conduit la politique de la Nation». Quelles que soient leurs relations politiques, l'intérêt national exige que « *les autorités françaises parlent d'une seule voix, même par plusieurs bouches* », selon Hubert Védrine.

Instrument de la diplomatie, le ministère des Affaires étrangères est l'outil qui aide à la décision à tous les niveaux en matière de politique étrangère.

Exécution

Le ministère conduit l'exécution de la politique étrangère au quotidien, à Paris et à l'étranger.

La diplomatie, c'est une « mise en musique »

La décision diplomatique de principe est prise à un échelon plus ou moins élevé selon son importance et se présente sous des aspects très différents tout en restant en général très informelle. Ce peut être une annotation à la main sur une note revenant de l'Élysée, un « bleu* » de l'hôtel Matignon, un ordre verbal du ministre transmis par son cabinet ou les instructions données par le secrétaire général à l'issue d'une réunion. Dans tous les cas, il incombe aux services de « mettre en musique », c'est-à-dire d'imaginer les mesures d'exécution à prendre, de répartir les tâches, d'établir un programme et un calendrier, de préparer les projets de textes nécessaires.

Une trace écrite
Écrit et oral :
le document remis
pour laisser
une trace écrite
d'une démarche
s'appelle note
verbale, ou même
« non-papier ».

À Paris

La mesure la plus simple consiste sans doute à faire une communication à une ambassade étrangère ou à répondre à une démarche de sa part. Dans les cas les plus graves, l'ambassadeur est convoqué par le secrétaire général ou le ministre lui-même. L'entrevue donne lieu à un compte-rendu, dont la rapidité fait tout le prix.

historique | fonctions du ministère | structures

Une grande partie du temps des services se passe ainsi à préparer des entretiens bilatéraux ou multilatéraux, institutionnels ou improvisés, à tous les échelons, du directeur au président de la République. Par exemple, les directeurs politiques des quinze États membres de l'Union européenne se réunissent au moins chaque mois. Le ministre voit régulièrement au moins une ou deux fois par an ses collègues de la plupart des grands pays – en fait, bien plus souvent. Chaque fois, les services élaborent des dossiers qui d'une part fournissent toutes informations utiles sur le ou les États partenaires, d'autre part suggèrent des positions à prendre et des messages à faire passer sur les sujets qui viendront en discussion. La proposition d'ouvrir une négociation (par exemple sur le Kosovo) demande une importante préparation intellectuelle et matérielle. Les postes* à l'étranger sont aussi mis dans le jeu.

Le flot des télégrammes

Le nombre de télégrammes est passé de 300 000 à 500 000 de 1992 à 1998.

À l'étranger

Toute action diplomatique suppose que les postes auprès des pays ou des organisations concernées en soient tenus informés ou même chargés de l'entamer. Les services parisiens rédigent chaque jour des télé-grammes* donnant instruction aux ambassadeurs de faire des démarches auprès de leurs interlocuteurs. Les ambassadeurs rendent compte par la même voie et demandent des instructions sur les points qu'ils esti-ment ne pas pouvoir trancher. Le progrès vertigineux des communications peut susciter chez l'ambassadeur la tentation de consulter Paris à tout instant ; et, dans l'administration, celle de « tenir en laisse » les chefs de mission. D'où un flot de télégrammes qui submerge les décideurs. Une bonne partie de cette correspondance devrait désormais emprunter les nouveaux moyens de communication (messagerie électronique, notam-ment). La capacité de réaction devrait en être accélérée. Mais les événements laisseront toujours l'occasion de prendre leurs responsabilités à ceux qui en ont le goût : question de caractère et de jugement.

Les grandes décisions de politique étrangère se ramifient, au niveau de l'exécution, en une foule de mesures concrètes qui sont le lot quotidien de l'administration centrale et des ambassades.

Communication

En démocratie, le premier devoir du gouvernement est d'expliquer à ses citoyens ce qu'il fait. Le ministère s'efforce de répondre activement à l'intérêt croissant de l'opinion pour les affaires étrangères.

Une action rénovée

La fonction de communication a pris en 1999 une importance nouvelle et accrue parmi les tâches du ministère. Elle consiste toujours à expliquer et à commenter les positions du gouvernement, à informer sur l'action du ministère et à entretenir le contact avec les services de presse des ambassades. Mais priorité est donnée à la communication externe, qui s'appuie sur les nouvelles technologies. Le secrétaire général préside régulièrement un comité d'orientation de la politique d'information et de communication.

Expliquer et commenter : le porte-parolat

Le porte-parole du ministère tient chaque jour, du lundi au vendredi, un point de presse, deux fois sous la forme d'une rencontre avec les journalistes accrédités, trois fois par transmission électronique de ses déclarations et de ses réponses aux questions posées depuis la veille. Ses propos, préparés le matin de concert avec le cabinet du ministre et les services compétents, sont disponibles dans l'après-midi en français, puis en anglais et en espagnol. Une permanence de réponse aux questions est à la disposition des journalistes 24 heures sur 24. Des fiches d'actualité sont diffusées sur le site Internet du Département* et un bulletin quotidien de textes officiels est transmis aux postes* par satellite. Enfin, le ministère accrédite les journalistes étrangers – en liaison avec le ministère de l'Intérieur – et facilite les voyages des journalistes français. Des journalistes étrangers sont aussi invités en France toute l'année, au nombre de 200 en 1999.

historique | fonctions du ministère | structures

Communiquer : priorité à l'Internet

Le Département veille à la cohérence des actions de communication de l'administration centrale et des postes, notamment à la coordination de l'ensemble du site France.diplomatie, devenu le vecteur principal des actions de communication (*voir* l'adresse du site en bibliographie). C'est l'équivalent d'un magazine de 16 000 pages qu'il faut actualiser en permanence. Il offre au grand public une base de données sur la politique extérieure de la France et vise à mieux faire connaître le pays à l'étranger. Il exploite la photothèque. Il véhicule aussi la communication événementielle du ministère afin de le rendre plus familier au public. Par ailleurs, des publications sur papier sont toujours diffusées, comme le magazine *Label France*, tiré à 150 000 exemplaires en neuf langues.

Renseigner : les bases de données

Le ministère recherche et collecte les informations en provenance de l'extérieur, les développements de la presse – y compris électronique – portant sur la vie nationale et l'action internationale de la France à l'intention des services et des postes. Il gère des bases de données – sur les gouvernements étrangers, sur la chronologie internationale, sur les déclarations officielles françaises. Un réseau d'information interne au ministère, dit « Intranet* », est en fonction.

Site Internet

Le site France.diplomatie reçoit plus de 600 000 visites par mois, ce qui le place aux premiers rangs des sites gouvernementaux.

La communication opère dans les deux sens : en recueillant des informations et surtout en diffusant par les techniques les plus modernes des informations sur la politique extérieure de la France et sur le pays sous tous ses aspects.

Gestion

Une des fonctions importantes du ministère des Affaires étrangères consiste à s'administrer lui-même : sa vocation spécifique lui impose en effet des contraintes inconnues aux autres administrations.

Le budget : une modestie record

Le projet de loi de finances de 1999 présente pour la première fois un budget unique commun aux Affaires étrangères et à la Coopération. Il atteint ainsi un montant de 20,8 milliards de francs, soit 1,28 % du budget total de l'État, contre environ 1 % traditionnellement pour le budget du Quai d'Orsay. Sur ce chiffre, il faut imputer les contributions aux organisations internationales, obligatoires (3 156 millions de francs, dont 1 411 millions à l'ONU) et volontaires (298 millions de francs), pour calculer ce que coûte, en gros, la diplomatie française : environ 17,3 milliards de francs.

Les moyens matériels : dans des palais anciens, des terminaux modernes

Le Quai d'Orsay a la charge d'un patrimoine immobilier de plus de 2 millions de mètres carrés. On y trouve des palais célèbres, comme le Farnèse à Rome et le Buquoy à Prague, mais aussi de plus en plus de bâtiments modernes et fonctionnels, comme ceux de Mascate (capitale du sultanat d'Oman), de Tokyo et bientôt de Berlin. Résidences et bureaux sont la vitrine de la France à l'étranger. Il leur faut en même temps respecter les contraintes propres à l'activité diplomatique, telles que la distinction entre locaux ouverts au public et locaux protégés. Il faut aussi gérer ce patrimoine dans des conditions qui varient d'un pays à l'autre et dont on n'est pas maître. Il faut enfin tenir l'équipement, en premier lieu le chiffre*, à jour du dernier état

« Trouver un équilibre entre le caractère emblématique de nos représentations et le souci de rigueur et d'économie. »
Hubert Védrine

de l'art et faire face à l'extension des nouvelles techniques : tous les agents seront bientôt reliés par messagerie électronique et il y a 170 sites Internet dans le réseau diplomatique et consulaire à la fin de 1999.

Les ressources humaines : relier formation, affectation et carrière

Le corps des conseillers des Affaires étrangères s'ouvre par deux portes, l'ENA et le concours d'Orient*, propre au ministère ; chacune accueille une demi-douzaine de candidats par an. Il est accessible, en fonction du mérite, aux agents issus des difficiles concours de conseiller, secrétaire et attaché des systèmes d'information et de communication (successeur moderne des chiffreurs). Les conseillers peuvent atteindre, au mérite encore, le grade de ministre plénipotentiaire après au moins dix-sept ans de carrière. En tout, cela fait peu de monde.

Catégorie	A	B	C	Total
Administration centrale	1 173	679	1 812	3 664
Étranger	2 220	739	2 851	5 810

Le métier a gardé sa spécificité : le sens de la différence, du contact, du dialogue. Il a aussi profondément changé : au siècle du courrier électronique et de la vidéoconférence, le travail d'intermédiaire du diplomate ne peut plus être le même. Il doit, pour se rendre utile, à la fois rester généraliste et maîtriser des spécialités. Le Département* veut accroître le professionnalisme en encourageant l'acquisition précoce d'une spécialité, stimuler la formation (linguistique ou autre), favoriser la fluidité à Paris et à l'étranger, entre le Quai et d'autres administrations ; créer l'habitude du bilan et de l'évaluation.

La gestion du ministère doit affronter beaucoup de contraintes et de contradictions. La récente réforme s'attache à les surmonter moyennant un effort constant de modernisation.

La haute direction

À la tête du Département, le ministre
est secondé par deux ministres délégués
et assisté par le secrétaire général
et l'inspection générale.

Ministre et ministres délégués

Depuis longtemps, en France comme à l'étranger,
un seul homme ne suffit plus à faire face aux
obligations du chef de la diplomatie. Le ministre est
entouré de deux ministres délégués, l'un pour les
affaires européennes, l'autre pour la coopération
et la francophonie. Chaque ministre a son cabinet.
Le cabinet, outre sa tâche d'organisation pratique
des activités du ministre, le conseille, lui soumet
les instructions destinées à l'administration centrale
et aux postes*, transmet ses directives. Il se charge
aussi de la liaison avec la présidence de la République,
le Premier ministre, les autres cabinets ministériels,
ainsi que des rapports avec le Parlement.

Le secrétaire général : une spécialité du Quai d'Orsay

L'institution, unique dans toute l'administration
française, témoigne de l'impératif de coordination
et d'unité d'action propre aux Affaires étrangères.

« Une mission
lourde, astreignante,
passionnante
et ingrate
à la fois. »
Hubert Védrine

historique | fonctions du ministère | structures

« *Le secrétaire général assiste le ministre dans l'orientation générale et la conduite des affaires* » (décret du 2 novembre 1979). Il accueille des personnalités de passage, tient des consultations régulières avec ses homologues des principaux pays, reçoit les ambassadeurs étrangers, remplit des missions à l'extérieur. Il préside à l'organisation et au suivi de la mission des ambassadeurs de France. Il est le coordonnateur et l'arbitre des services, réunissant les directeurs au moins deux fois par semaine. Il veille au bon fonctionnement du ministère. Il est, moralement, le chef de corps des diplomates. Il est assisté par un secrétaire général adjoint et deux ou trois collaborateurs.

Sont rattachés au secrétariat général :

– la délégation pour l'action extérieure des collectivités locales, qui les conseille et les assiste dans leurs relations avec l'étranger ;

– le service des affaires francophones, qui s'occupe des aspects extérieurs à la francophonie ;

– le service de l'action humanitaire, qui coordonne l'aide française aux populations en détresse.

Sont rattachés directement au ministre :

– l'inspection générale, qui vérifie le bon fonctionnement des postes diplomatiques et consulaires et des services centraux et peut être chargée de toute mission de contrôle et d'audit ; ses rapports sont transmis au secrétaire général, qui en contrôle le suivi ; elle rédige un rapport annuel qui guide les postes et les services dans leurs efforts d'amélioration ;

– le centre d'analyse et de prévision, créé en 1973 ; il réunit des diplomates et des experts pour des études de prospective à moyen et long terme visant à renforcer la capacité d'anticipation du ministère ;

– le haut fonctionnaire de défense, qui assiste le ministre dans l'exercice de ses responsabilités de défense et veille à la sécurité des postes et à la protection des informations confidentielles.

Personnalités

Le poste de secrétaire général a été illustré notamment par Jules Cambon, ancien ambassadeur à Berlin de 1907 à 1914 ; par Philippe Berthelot, dont Briand disait : « *Je le feuillette* » (en effet, le secrétaire général qu'était Berthelot savait tout, et Briand le consultait comme un livre) ; par Alexis Léger (Saint-John Perse) ; par René Massigli, ex-commissaire aux Affaires étrangères à Alger en 1943 et par Geoffroy de Courcel, ancien aide de camp du général de Gaulle à Londres.

Le ministre et les ministres délégués sont assistés par une équipe restreinte caractérisée par la présence d'un chef d'état-major polyvalent.

La Direction générale des affaires politiques et de sécurité

Le directeur général des affaires politiques et de sécurité porte le titre de secrétaire général adjoint ; cette distinction protocolaire rappelle la primauté historique, mais aussi très actuelle, de cette direction.

Sécurité

Sauvegarde d'un ordre international garantissant la paix, mais aussi défense contre les menaces nouvelles, comme le terrorisme.

Politique et sécurité

L'ancienne direction politique s'identifiait presque, à l'origine, au ministère tout entier. Elle se divisait jusqu'en 1978 en plusieurs directions, géographiques et fonctionnelles. Depuis la géographisation, la direction politique n'a gardé que ses attributions fonctionnelles, c'est-à-dire essentiellement les affaires multilatérales, devenues de plus en plus importantes. La sécurité s'y est ajoutée en 1993.

La direction des Nations unies et des organisations internationales (NUOI)

La NUOI définit et met en œuvre l'action de la France dans les organisations internationales et les organisations intergouvernementales à vocation mondiale – en premier lieu l'ONU et ses institutions spécialisées (UNESCO*, OMS*, etc.). Elle donne leurs instructions à nos missions et veille au suivi des résolutions. La France étant membre permanent du Conseil de sécurité*, dans toute crise internationale les agents de la NUOI sont sur pied jour et nuit.

La direction des affaires stratégiques, de sécurité et de désarmement

Elle définit la politique de désarmement nucléaire et de prévention de la course aux armements dans l'espace, de non-prolifération des armes de destruction massive, de désarme-

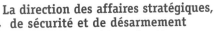

historique | fonctions du ministère | structures

ment chimique et biologique et de maîtrise des armements classiques. Elle traite des questions de sécurité et de défense, notamment dans le cadre de l'Alliance atlantique et de l'UEO*. Elle s'occupe, c'est plus nouveau, de la lutte contre le terrorisme, le trafic des stupéfiants, la criminalité internationale. Enfin, elle suit les affaires de l'Organisation pour la sécurité et la coopération en Europe (OSCE*) et du Conseil de l'Europe*.

Le réseau COREU

Ce sont des télégrammes chiffrés reliant directement entre eux les correspondants européens de chaque capitale.

La coopération militaire et de défense avec l'ensemble des États étrangers

C'est l'affaire d'une nouvelle direction qui regroupe à partir de 1999 la sous-direction de l'aide militaire du Quai d'Orsay et la mission militaire de l'ancien secrétariat d'État à la Coopération.

Le service de la Politique étrangère et de sécurité commune

La PESC* est chargée d'un des volets les plus récents de la diplomatie, à savoir l'embryon de politique étrangère européenne institué en 1992 par le traité de Maastricht sur l'Union européenne. Le service participe à la préparation des conseils européens, des conseils des affaires générales (au niveau ministériel) et du comité politique, qui réunit les directeurs politiques des Quinze. Il gère le réseau COREU (*voir* brève ci-contre). On est ici à la charnière de l'interétatique et du communautaire, aussi le service travaille-t-il en liaison avec la direction de la coopération européenne, qui ne dépend pas des affaires politiques : le pragmatisme l'emporte.

La mission de liaison avec les ONG

La mission de liaison avec les organisations internationales non gouvernementales (ONG) s'occupe elle aussi d'un phénomène très moderne : ces grandes associations privées devenues acteurs à part entière de la vie internationale.

Le nom même d'affaires politiques donne à penser que l'on est ici au cœur de la diplomatie classique, ce qui est vrai en partie, mais l'analyse des missions de cette direction montre qu'elle suit au plus près l'évolution des réalités nouvelles.

La Direction générale de la coopération internationale et du développement

L'année 1999 a été celle d'une réforme dont on parlait depuis vingt ans, le regroupement dans une grande direction générale du Quai d'Orsay de l'ensemble des services chargés de la coopération et du développement.

Pourquoi la réforme ?

Jusqu'en 1998, le secrétariat d'État à la Coopération s'occupait de l'aide au développement des pays dits « du champ », c'est-à-dire les pays d'ancienne influence française et assimilés (soit les ex-colonies françaises d'Afrique, de la Mauritanie à la Côte d'Ivoire, du Togo au Congo) ; le Quai d'Orsay conduisait les relations culturelles scientifiques et techniques avec le reste du monde. Mais ces deux formes d'action visent en fait les mêmes buts : le progrès économique et social des partenaires et le rayonnement de la France. Par ailleurs, les zones d'influence s'estompent. La mondialisation a fini par imposer la réforme.

Quelle réforme ? Cinq grands axes

– Le comité interministériel de la coopération internationale et du développement (CICID) fixe chaque année les grandes orientations et définit la zone de solidarité prioritaire (ZSP) groupant les pays qualifiés pour recevoir l'aide bilatérale.
– La DGCID fusionne les services des Affaires étrangères et de la Coopération. Les personnels seront progressivement intégrés. Dès 1999, un budget unique est présenté, d'environ 8 milliards de francs.
– L'agence française de développement sera l'opérateur principal des projets.

« Il n'est guère possible de trouver des critères satisfaisants pour, notamment, discriminer entre pays justiciables de l'aide au développement et pays dans lesquels devrait prévaloir une coopération d'influence. »
Charles Josselin, ministre délégué à la Coopération et à la Francophonie, allocution à la 6ᵉ conférence des ambassadeurs, le 27 août 1998.

historique | fonctions du ministère | structures

– La coopération sera contractualisée avec les pays de la ZSP.

– Un haut conseil de la coopération internationale donnera la parole aux acteurs autres que l'État et facilitera la convergence des opérations.

La DGCID élabore la politique et en programme les moyens

La direction de la stratégie, de la programmation et de l'évaluation prépare les grandes orientations et veille au bon emploi des moyens ; un service de la coordination élabore les programmes par pays et par région.

Quatre directions fonctionnelles exercent chacune un métier

– La direction du développement et de la coopération technique comprend une mission des appuis financiers et des études économiques.

– La direction de la coopération culturelle et du français suit l'activité de l'Agence pour l'enseignement français à l'étranger* (AEFE), de l'Association française d'action artistique* (AFAA) et de l'Alliance française*.

– La direction de la coopération scientifique, universitaire et de recherche promeut l'offre française de formation supérieure avec le concours d'une nouvelle agence commune au Quai d'Orsay et à l'Éducation, Édufrance.

– La direction de l'audiovisuel extérieur et des techniques de communication s'attache à développer la présence française sur les réseaux internationaux.

Rattachées au directeur général

– La mission pour la coopération multilatérale, qui veille à l'articulation et à la cohérence entre l'action de la DGCID et celle des organisations internationales.

– La mission pour la coopération non gouvernementale, qui relie la DGCID aux collectivités territoriales et aux autres acteurs tant publics que privés.

Effectifs

L'AEFE gère 279 établissements comptant 160 000 élèves dans 25 pays ; l'Alliance française a 200 000 élèves.

La réforme de 1999 tend à combiner les différentes fonctions assumées jusqu'alors par deux administrations dans un ensemble unique, donc plus efficace et plus dynamique.

La Direction des affaires économiques et financières

La DAEF, qui remonte à 1825,
a pris une importance à la mesure
de la place que tient l'économie
dans les affaires internationales.

Surnom

Le sherpa est
le conseiller du chef
de l'État pour
les sommets
des sept pays
les plus
industrialisés (G7).

La DAEF, pour quoi faire ?

Chaque administration, surtout en matière économique, est un peu tentée de mener sa propre politique extérieure, en ignorant ce que font les autres.

De son côté, le Département* ne peut pas gérer les relations de la France avec un pays sans bien connaître son économie et les répercussions possibles de cette action sur l'économie française. C'est le rôle de la DAEF de replacer chaque dossier dans son contexte et d'exercer, en liaison avec les directions géographiques, la fonction de concertation propre au Quai d'Orsay : avec les autres ministères, le MEDEF*, les entreprises, les partenaires étrangers. À ce titre, son directeur entretient des relations régulières avec les directeurs du Trésor et des relations économiques extérieures (DREE*) au quai de Bercy.

Qui fait quoi ?

La sous-direction des affaires financières internationales observe la conjoncture mondiale et suit l'action des institutions internationales (FMI*, BIRD*, OCDE*, BERD*, etc.). Elle assiste le directeur en tant qu'adjoint diplomatique du « sherpa » français (*voir* brève ci-contre). Elle participe aux procédures de soutien aux activités économiques

et commerciales (prêts et dons du Trésor, assurance-crédit) et au fonctionnement du Club de Paris. Elle conduit à cet effet des consultations approfondies avec la DREE et la COFACE* sur le risque-pays. Elle participe à la gestion de la dette et à la définition et à l'application des sanctions économiques internationales.

La sous-direction de l'environnement et des accords économiques sectoriels négocie en liaison avec les autres ministères concernés les accords relatifs aux transports, à l'énergie, aux matières premières, aux nouvelles technologies, à l'environnement. En fait, le pétrole et le nucléaire se disputent la vedette, selon l'état des marchés. De même, en matière d'énergie, le maritime et l'aérien ; mais les transports terrestres deviennent vite un sujet sensible considérés sous l'angle de l'environnement. Pour les nouvelles technologies, cela concerne par exemple la réforme d'EUTELSAT*.

La sous-direction des questions industrielles et des exportations sensibles suit les négociations de coopération industrielle multilatérales, et aussi bilatérales par dérogation à la géographisation quand il s'agit de projets stratégiques et de grands contrats (espace, nucléaire civil) et de grands équipements d'électronique (TGV, Airbus). Elle représente le Département à la Commission interministérielle d'examen des exportations de matériel de guerre (CIEEMG).

La mission « entreprises »

C'est une innovation de la réforme de 1998. Il s'agit d'une petite équipe chargée de garder un contact permanent avec les grands groupes industriels et financiers, de les renseigner, de les guider, de s'informer sur leur stratégie à l'intention du ministre et des services. Le ministre lui-même épaule son action en recevant tour à tour les grands patrons. La mission travaille la main dans la main avec la DREE.

Mission de la CIEEMG

La CIEEMG, qui dépend du Premier ministre, instruit les demandes d'autorisation de ventes d'armement à l'étranger.

La DAEF est au contact des aspects économiques et techniques les plus récents de la vie internationale et au cœur de l'activité interministérielle de l'État.

L'Europe et les directions géographiques

Du fait de l'attention portée
à la construction européenne, les affaires
d'Europe ne sont pas traitées
comme celles des autres continents.

L'Union européenne : les membres, les futurs membres et les autres

Avant la réforme de 1993, la compétence de la direction d'Europe s'étendait de l'Atlantique à Vladivostok. Mais elle ne s'occupait pas des affaires communautaires, qui relevaient du service de la coopération économique européenne. C'était une anomalie de moins en moins justifiable à mesure que la communauté grandissait et que le champ de son intervention s'élargissait avec les traités de Maastricht puis d'Amsterdam. C'est pourquoi, en 1993, la direction de la coopération économique européenne (CEU) a reçu les attributions de direction géographique à l'égard des États membres ; la direction d'Europe est devenue direction d'Europe continentale. La réforme de 1998, suivant cette logique, a étendu le domaine de la CEU à l'ensemble

L'Europe est partagée

35 pays relèvent de la CEU et 17 de l'Europe continentale.

historique | fonctions du ministère | structures

des pays concernés par l'élargissement de l'Union (*voir* pp. 6-7). Cette direction continue de suivre, en liaison avec le SGCI*, la définition et l'application des politiques communautaires et les relations extérieures de l'Union. Elle suit aussi les questions institutionnelles, celles de l'Europe des citoyens, la libre circulation des personnes. Par elle, le ministère participe à la définition de la politique européenne de la France. D'autre part, cette direction conserve son rôle de direction géographique pour les pays de son ressort. La direction d'Europe continentale garde l'est de l'Europe et les Balkans, en gros l'ex-URSS et l'ex-Yougoslavie, moins la Slovénie.

> *« Les directions géographiques suivent et coordonnent les relations de la France avec les États situés dans leur zone. »* Décret du 10 décembre 1998.

Le reste du monde

Les quatre autres continents relèvent de quatre directions géographiques dont les attributions tiennent aussi compte de l'Histoire.

La géographisation de 1978 partait de l'idée que les diverses actions de la France envers un pays forment un tout et que seul le responsable géographique est en mesure d'en prendre une vue globale. Le système n'a pas évité les conflits de compétence, en particulier avec la direction économique. Néanmoins, le principe a été confirmé par les réformes de 1993 et 1998. En liaison avec les postes*, les directions géographiques tiennent des dossiers sur leurs pays, sont informées de tous les aspects de l'action de la France à leur endroit, veillent à leur cohérence et prennent les initiatives appropriées.

Ces directions sont actuellement, outre l'Europe continentale :

– la direction d'Afrique et de l'Océan indien (ex-affaires africaines et malgaches), qui traite de l'Afrique au sud du Sahara ;

– la direction d'Afrique du Nord et du Moyen-Orient, qui va du Maroc au Golfe, Iran compris ;

– la direction des Amériques et des Caraïbes ;

– la direction d'Asie et d'Océanie.

> Les relations bilatérales entre la France et un pays donné relèvent en principe, dans leur ensemble, de la direction géographique ; mais les relations avec les pays membres ou futurs membres de l'Union européenne sont, par souci de cohérence, traitées par la direction qui s'occupe des affaires communautaires.

La Direction des Français à l'étranger et des étrangers en France

Héritière du vieux service des chancelleries, la DFAE a reçu en 1979 son nom actuel, qui dit bien sa double mission. Ses attributions ont été étoffées et précisées en 1998.

Un site pour les voyageurs

Un fichier de conseils aux voyageurs sur les conditions de déplacement et de sécurité au jour le jour dans tous les pays du monde a été ouvert au printemps 1999 sur le site France.diplomatie du ministère.

Le service des Français à l'étranger

Il administre mais aussi protège les Français établis ou de passage à l'étranger. Il veille à la tenue sur place de plans de sécurité, de regroupement et d'évacuation. Il intervient en cas de crise. Il s'occupe des recherches dans l'intérêt des familles, du rapatriement des indigents, de la protection des détenus, de l'aide sociale, de l'exercice par les expatriés de leurs droits civiques. Il soutient la Maison des Français de l'étranger, extension du centre d'accueil et d'information, qui renseigne les nationaux installés ou souhaitant s'installer à l'extérieur. Une mission « emploi-formation », créée en 1985, s'efforce de faciliter l'accès à l'emploi et à la formation professionnelle à l'étranger. Le service central de l'état civil, à Nantes, gère la totalité de l'état civil des français nés, mariés, divorcés ou décédés à l'étranger. Cela représente un stock de plus de 13 millions d'actes – 130 000 de plus par an.

Le service des accords de réciprocité

Il suit la négociation et l'application des accords internationaux concernant la protection sociale, l'établissement, la fiscalité des Français à l'étranger, l'entraide judiciaire, la nationalité, la coopération internationale en droit de la famille. La mission de l'« adoption internationale », organe de contrôle et de protection des mineurs étrangers, est la première en Europe à offrir un site Internet.

historique | fonctions du ministère | structures

Le service des étrangers en France

Il participe à la définition et à l'application de la politique du gouvernement touchant l'entrée, le séjour, l'établissement des étrangers en France, à la définition de la politique d'asile, à l'instruction des demandes. Il représente la France dans les organismes internationaux compétents et garde le contact avec les organisations humanitaires. Il coopère avec l'Office français de protection des réfugiés et apatrides (OFPRA*) pour l'admission au statut de réfugié, protège ceux qui l'ont obtenu, gère leur état civil. Il partage avec le ministère de l'Intérieur la responsabilité de la délivrance des visas d'entrée en France. Il s'efforce, tout en barrant la route à l'immigration illégale, de faciliter la venue des personnalités utiles pour les relations bilatérales.

Le Conseil supérieur des Français de l'étranger

Le CSFE est l'assemblée représentative des Français établis hors de France.

Il a son secrétariat à la DFAE. Il compte 150 membres élus au suffrage universel pour six ans par les Français de l'étranger et renouvelables par moitié, plus les 12 sénateurs des Français de l'étranger élus par les conseillers, plus 21 personnalités nommées. Il donne des avis et émet des vœux sur les questions concernant ses mandants et relatives à la présence française à l'étranger.

> La DFAE contrôle mais aussi protège les étrangers en France. Pour les Français de l'étranger, c'est une très grande mairie chargée de les administrer mais aussi de défendre leurs intérêts d'expatriés.

FRANÇAIS

Les directions transversales

On peut appeler « transversales » les directions dont l'activité s'exerce essentiellement au profit des directions fonctionnelles ou géographiques.

La Direction générale de l'administration (DGA)

La DGA fournit les moyens humains et matériels nécessaires au bon fonctionnement du ministère. Les missions de la direction des ressources humaines ont été redéfinies en 1993 pour mieux tenir compte de la vocation particulière du Département*. La direction des affaires budgétaires et financières est responsable de toutes les décisions où le critère budgétaire est déterminant et gère notamment les moyens des postes* à l'étranger dans une logique de déconcentration et de responsabilisation. Le service de l'équipement, chargé de l'investissement et de l'entretien immobiliers, comprend depuis 1999 une mission vouée à préserver et à améliorer le patrimoine en meubles et en immeubles. La même réforme a regroupé la gestion du Centre de conférences internationales avec les services d'interprétation, la traduction, le courrier et la valise diplomatique* dans un grand service de la logistique diplomatique. Le service des systèmes d'information et de communication élargit la gestion du chiffre* à l'ensemble des technologies nouvelles. Enfin, la mission de la modernisation, créée en 1993, s'emploie à rénover les méthodes et les procédures ; elle prépare les travaux du Comité interministériel des moyens de l'État à l'étranger (CIMEE).

Le service géographique

Il est capable de fournir aux services, dans de très brefs délais, des cartes illustrant les situations les plus complexes.

La direction des affaires juridiques (DJ)

Son chef est « jurisconsulte du ministère » ; il conseille le ministre, les services et les postes sur les questions de droit et répond aux consultations des autres ministères. Elle représente l'État devant les juridictions internationales. Elle est consultée sur les accords et traités

historique | fonctions du ministère | structures

et s'occupe de leur intégration dans l'ordre juridique interne. Elle exerce une fonction préventive de veille juridique sur le droit communautaire.

Une sous-direction est spécialisée dans les droits de l'homme. Enfin, la DJ traite directement les affaires relatives à la mer, aux pêches, aux fonds marins et à l'Antarctique.

La direction de la communication et de l'information (DCI)

En changeant de nom en 1999, l'ancienne direction de la presse, de l'information et de la communication a fait passer ce troisième terme au premier rang. Elle s'est en même temps agrandie et a redistribué les attributions en son sein. Elle assume toutes les tâches de communication externe du ministère, réparties entre trois sous-directions : presse, communication, information-documentation.

« L'hôtel du ministre sert chaque année autant de repas que le Crillon. »
Hubert Védrine

La direction des archives

Elle est chargée de la conservation des archives de l'administration centrale et des postes, y compris les accords et traités, de leur classement, de leur communication aux chercheurs, toujours plus nombreux. Elle gère aussi la bibliothèque et le service géographique. Les archives détiennent un fonds artistique et scientifique inestimable.

Le protocole

Son chef porte, depuis 1585, le titre d'« introducteur des ambassadeurs » ; il veille à l'application des privilèges, immunités et franchises des missions diplomatiques et consulaires étrangères en France, et réciproquement. Il organise les déplacements du président de la République, du Premier ministre et du ministre et les visites de leurs homologues en France.

D'ancienne ou de fraîche date, les directions transversales sont au contact de l'actualité immédiate et s'efforcent comme prestataires de services de moderniser constamment leur gestion.

Les ambassades bilatérales

L'ambassade bilatérale, c'est-à-dire envoyée par un pays dans un autre pour traiter de leurs relations mutuelles, est une vieille institution qui s'est adaptée à un contexte changeant.

L'ambassade traditionnelle

Depuis qu'il y a des États, il y a des ambassadeurs. Les cités grecques échangeaient des « orateurs ». Rome envoyait des légats. Mais ces missions étaient dépêchées en fonction des circonstances et pour une durée limitée. L'Empire byzantin a le premier fourni le modèle d'une organisation diplomatique. Ce sont les États italiens du XVe siècle, faibles et divisés, qui ont les premiers établi des représentants à demeure auprès des grandes puissances. François Ier suit l'exemple : il députe auprès des Suisses en 1522, puis à Londres, à Venise, etc. En 1815, le congrès de Vienne adopte une charte des relations diplomatiques qui ne sera guère mise à jour avant la convention – de Vienne aussi – de 1961. La France entretient alors une centaine de missions, dont 32 ouvertes depuis 1945. La distinction entre ambassades et légations (avec les petits pays) a disparu par égard pour l'égalité souveraine des États. Il n'y a plus de hiérarchie officielle des postes*, mais l'inégalité de fait subsiste. Telle ambassade au prestige historique n'a plus grande importance. Telle autre de création récente retient davantage l'attention.

Accélération de l'Histoire

Louis XIV avait 19 missions à l'étranger, Louis XVIII en avait 21 ; elles sont à présent 166.

historique | fonctions du ministère | structures

L'ambassade nouvelle

L'importance relative des postes varie vite, et les États sont de plus en plus nombreux – il y a 187 membres aux Nations unies. La carte diplomatique et consulaire s'adapte au fur et à mesure : il a fallu créer 15 ambassades en Europe en moins de dix ans, à la suite de la dislocation de l'URSS et de la Yougoslavie. La France a maintenant 149 ambassades, 17 représentations et 113 postes consulaires. Certains ambassadeurs sont accrédités* dans plusieurs pays. On essaie des formules nouvelles : l'ambassadeur « hors les murs », basé à Paris, sans locaux permanents dans le pays où il est accrédité. C'est le deuxième réseau du monde, après celui des États-Unis. Certains ont pensé qu'avec les contacts personnels entre dirigeants politiques et les nouvelles techniques d'information et de communication le rôle de ces intermédiaires que sont les ambassadeurs était terminé. C'est une erreur : le volume des activités internationales croît encore plus vite que le rythme des contacts directs, qui eux-mêmes multiplient le travail diplomatique. Les hauts dirigeants iraient à leurs entretiens en aveugles s'ils n'avaient pas des équipes sur place pour les préparer. Elles ont même bien plus à faire pour connaître le terrain qu'au temps où il suffisait de fréquenter un souverain et sa cour !

L'ambassade du XXIe siècle

La réunion des ambassadeurs de 1998 en a imaginé trois types :
– dans les pays de l'Union européenne, même si la PESC* progresse, les ambassades gardent un rôle décisif d'analyse des mobiles du pays de séjour, d'explication des positions et de contact ;
– dans les pays dits émergents (c'est-à-dire ceux qui sont en train de sortir du sous-développement), il faut faire fructifier les relations : valoriser le politique et l'économique, moderniser le culturel ;
– dans les pays en développement (ce sont ceux qui n'ont pas encore atteint le niveau des précédents), la coopération reste essentielle.

Un texte fondamental pour approfondir nos connaissances

Le décret du 1er juin 1979 « *relatif aux pouvoirs des ambassadeurs et à l'organisation des services de l'État à l'étranger* ». Décret cité dans la publication *Le Ministère des Affaires étrangères*.

La tâche des ambassades bilatérales a profondément changé ; mais loin de s'étioler elle s'élargit et s'approfondit.

La diplomatie multilatérale

Relativement récente, la diplomatie multilatérale, c'est-à-dire conduite entre trois États et plus, est devenue primordiale au XXᵉ siècle.

Des conciles aux congrès

On peut trouver aux négociations multilatérales des précédents aussi lointains que ceux des négociations bilatérales : les souverains envoyaient des ambassadeurs aux conciles dès le XVᵉ siècle. Les célèbres traités de Westphalie concluent en 1648 une conférence qui avait duré cinq ans. Le congrès de Vienne, en 1815, est le premier d'une série qui fera la gloire de Metternich. Mais ce n'est guère avant le milieu du siècle que les États ressentent le besoin de se réunir, en dehors de circonstances politiques exceptionnelles, pour traiter ensemble de questions d'intérêt commun portant sur des domaines nouveaux ; par exemple la création de l'Union postale universelle en 1874. Cette doyenne des organisations internationales est devenue en 1948 une « institution spécialisée » des Nations unies. Elle vise à former un espace postal unique pour l'échange des correspondances entre les pays membres.

L'expansion du multilatéralisme

Il prend son essor après la Première Guerre mondiale, quand la création de la Société des Nations (SDN) traduit

historique | fonctions du ministère | structures

l'espoir qu'une diplomatie publique et collective apportera une paix définitive. Le mouvement s'accélère dans la seconde moitié du siècle, et plus encore sous nos yeux. Il répond en effet à une double tendance de notre temps, déjà soulignée : les affaires internationales sont de plus en plus liées entre elles, et elles concernent toujours davantage plusieurs pays, sinon tous. Désormais, devant une situation nouvelle, le réflexe est d'établir un groupe informel des États les plus intéressés à la traiter.

Le multilatéralisme institutionnel

Alors que les congrès d'autrefois se séparaient une fois leur mission remplie, le XXe siècle a vu se développer des organisations internationales créées pour durer : l'ONU, l'Union européenne. Les conférences convoquées pour traiter un problème négocient une convention et s'aperçoivent qu'il faudra en suivre l'application. Elles ont tendance à créer pour cela une nouvelle organisation permanente : la Conférence sur la sécurité et la coopération en Europe, réunie à Helsinki en 1973, est devenue en 1994 l'organisation du même nom, l'OSCE*. De même, le GATT est devenu l'OMC*.

Une diplomatie nouvelle

Les pères de la SDN croyaient qu'une diplomatie conduite « sur la place publique » préserverait mieux la paix que la traditionnelle diplomatie secrète. La diplomatie multilatérale répond dans une certaine mesure à leurs vœux. Les débats de l'ONU sont publics, au risque de se tenir pour la galerie.

Mais, en pratique, chacun sait que les séances du Conseil de sécurité* sont précédées de pourparlers officieux où la négociation confidentielle reprend ses droits. La diplomatie multilatérale est en réalité plus collective que parlementaire ; les assemblées plénières réunissant toutes les délégations, parfois en public, ne font en général qu'entériner le résultat de tractations en coulisse entre groupes d'États unis par des affinités diverses, où l'ingéniosité des diplomates trouve à s'exercer.

La diplomatie multilatérale en chiffres

La France entretient 17 représentations permanentes auprès d'organisations internationales et 4 délégations auprès d'organismes internationaux.

La montée en puissance du multilatéralisme est un trait de notre temps qui ouvre de nouveaux champs d'action à la diplomatie.

L'ambassadeur

Ambassadeur : un titre toujours prestigieux, à en juger par l'usage qu'en fait la publicité des fromages ou des chocolats. Mais en réalité un personnage mal connu.

Comment devient-on ambassadeur ?

L'ambassadeur de France dans un pays étranger (ou le représentant permanent auprès d'une organisation internationale) est nommé par le président de la République en Conseil des ministres sur proposition du ministre des Affaires étrangères, c'est-à-dire selon la procédure la plus solennelle. C'est un des « *emplois supérieurs à la décision du gouvernement* », qui peut donc, en droit, nommer qui bon lui semble. C'est l'habitude aux États-Unis, où les ambassadeurs changent avec les présidents. En France, le cas est rare. Le choix se porte presque toujours sur des diplomates ayant une bonne pratique de leur métier, autrement dit ayant atteint le grade de ministre plénipotentiaire ou au moins de conseiller de première classe.

Un « bâton de maréchal »

Les ambassadeurs portent en principe ce titre pour la durée de leurs fonctions. Quelques-uns couronnent leur carrière en étant, selon la formule consacrée, « élevés à la dignité d'ambassadeurs de France », ce qui veut dire qu'ils gardent ce titre toute leur vie.

Le chef de mission à son poste

Une fois désigné par le Conseil des ministres, le futur ambassadeur doit obtenir l'agrément* du pays où il se rend. C'est ensuite seulement que sa nomination sera prononcée et publiée. Arrivé à son poste, il est reçu par le ministre des Affaires étrangères, puis par le chef de l'État, auquel il remet la lettre du président de la République notifiant sa nomination ; c'est cette lettre que l'on appelle « lettres de créance » (toujours au pluriel). Il est alors « accrédité* » et jouit des immunités et privilèges garantis par le droit international, qui sont destinés à le mettre à l'abri de toute pression de la part des autorités du pays de séjour.

historique | fonctions du ministère | structures

Le chef de mission vu de Paris

« *L'ambassadeur est dépositaire de l'autorité de l'État dans le pays où il est accrédité. Il est chargé, sous l'autorité du ministre des Affaires étrangères, de la mise en œuvre dans ce pays de la politique extérieure de la France* » (décret du 1er juin 1979). Ses responsabilités s'exercent dans un cadre précis. Avant de partir, l'ambassadeur rend visite aux autorités françaises concernées par les affaires de son pays de séjour ainsi qu'aux personnalités qualifiées (chefs d'entreprise, universitaires, etc.). Il reçoit des instructions, un document opérationnel d'une dizaine de pages indiquant la ligne à suivre sur les affaires en cours, préparé par la direction géographique avec la participation de toutes les administrations intéressées. Six mois plus tard, l'ambassadeur soumet un « plan d'action » où il expose ce qu'il compte faire en priorité pour remplir ses instructions. Ce plan est discuté en réunion chez le secrétaire général. L'essentiel fait l'objet d'une lettre de mission signée par le ministre. Pendant la mission ont lieu des réunions de suivi et d'évaluation. Enfin, en quittant son poste, l'ambassadeur rédige un rapport final qui est à la fois un bilan et un document préparatoire pour les instructions de son successeur.

> L'ambassadeur assume la plénitude des pouvoirs de l'État à son poste. Il est responsable de tout ce qui intéresse la France dans le pays où il se trouve. Le ministère s'efforce de le guider dans l'exercice de cette responsabilité.

La chancellerie

Ce terme traditionnel désigne la petite équipe de diplomates proprement dits qui sont les plus proches collaborateurs du chef de mission.

Le « numéro deux »

Il assiste et supplée éventuellement l'ambassadeur dans toutes ses fonctions. L'ambassadeur ayant en priorité vocation pour les tâches extérieures (démarches, représentation, communication), il revient à son adjoint de faire pendant ce temps « tourner la machine ». Il centralise la correspondance et en vérifie la cohérence. Il veille à la coordination entre les services techniques. Il supervise l'administration quotidienne. Il est presque toujours « officier de sécurité », responsable de la protection des agents et des documents. En cas d'absence du chef de mission, il le remplace en qualité de « chargé d'affaires ». Dans les grandes ambassades, le numéro deux s'appelle « ministre-conseiller ». Dans des dizaines de postes*, il est en fait le seul diplomate avec l'ambassadeur : il n'y a pas de numéro trois.

L'équipe diplomatique

Elle comprend des conseillers, secrétaires et attachés en nombre variable : une quinzaine à l'ambassade de Washington ou dans les délégations auprès des Nations

Une veille permanente
L'officier de sécurité commande le peloton de gendarmes ou de policiers qui se relaient jour et nuit pour garder les locaux et qui accueillent les visiteurs, leur offrant ainsi souvent leur première image de la France.

historique | fonctions du ministère | structures

unies ou de l'Union européenne ; le plus souvent un ou deux seulement. Chacun traite une catégorie de dossiers. Quand l'effectif est réduit, l'un suit par exemple la situation dans le pays de séjour, l'autre les relations avec la France. Quand l'équipe est plus nombreuse, elle se ramifie et ses membres se spécialisent. Chacun dans son secteur prépare le travail de l'ambassadeur, chacun aussi agit à son niveau suivant les instructions du chef de poste. Dans une mission multilatérale, chaque agent suit une ou plusieurs commissions. En général, l'ambassadeur réunit cette équipe chaque matin pour faire le point et répartir le travail. Le service du chiffre* est le cœur de la chancellerie, puisqu'il achemine l'essentiel de la correspondance. Aujourd'hui, le cryptage des télégrammes* est automatique et la transmission instantanée. C'est la distribution qui prend du temps. C'est pourquoi l'écran tend à supplanter le support papier. Le Centre d'archives et de documentation (CAD) envoie, reçoit et classe l'ensemble de la correspondance. Le courrier non chiffré, c'est-à-dire les lettres (que l'on appelle « dépêches ») emprunte la valise diplomatique*. Le secrétariat, dont la tâche matérielle est aujourd'hui allégée par l'informatique, fait en langue étrangère ce que des assistantes de direction font en français en France.

La chancellerie consulaire ou section consulaire

Dans les capitales où il n'y a pas de consulat, elle est aussi « régie d'avances et de recettes » (c'est-à-dire qu'elle encaisse les recettes du poste, par exemple les droits de visa, et règle les dépenses). Son chef est chargé de gérer le budget de l'ambassade – sachant que, de plus en plus, les ambassadeurs ont à cœur de se pencher eux-mêmes sur la gestion de leur poste. La réforme en cours tend à déconcentrer la gestion financière de Paris vers les postes. Elle fait du chef de mission un véritable ordonnateur secondaire jouissant d'une plus grande souplesse dans l'emploi des crédits, avec les responsabilités correspondantes.

La chancellerie est l'« état-major » de l'ambassadeur et la plaque tournante de l'ensemble de sa mission.

Les services spécialisés

À côté de la chancellerie, une mission diplomatique, bilatérale ou multilatérale, comprend des services techniques de plus en plus nombreux à mesure que les relations internationales se diversifient et que les intervenants se multiplient.

L'attaché de défense

Il fut le premier spécialiste intégré dans une ambassade sous le second Empire. Il s'informe de l'état des forces du pays de séjour et entretient les relations militaires (échanges de visites et de stagiaires, parfois consultations stratégiques). Quand le poste est assez important, les trois armées – terre, mer, air – sont représentées. Quand le volume des affaires le justifie, il s'y ajoute un ou des attachés d'armement.

Le conseiller économique et commercial, chef du poste d'expansion économique

À la fin du XIXᵉ siècle, les affaires économiques prennent tant d'importance que l'on crée en 1906 des attachés commerciaux, relevant des Affaires étrangères, qui seront rattachés au ministère du Commerce en 1919. Aujourd'hui, le PEE* est une antenne de la direction des relations économiques extérieures du ministère de l'Économie et des Finances. Le conseiller, entouré des attachés spécialisés, travaille à développer la présence économique de la France dans son pays de séjour et à susciter en France l'intérêt pour ce pays (en signalant par exemple aux entreprises l'existence de marchés pour leurs produits). Il gère les procédures d'aide de l'État au commerce extérieur. Il observe la situation économique et financière. Quand la place financière est importance, la direction du Trésor délègue un conseiller financier.

historique | fonctions du ministère | structures

Le conseiller culturel, scientifique et de coopération

Il couvre tous les aspects de l'action culturelle, y compris la gestion des instituts culturels et des écoles françaises.
Il est assisté de spécialistes pour l'enseignement, l'action artistique, l'audiovisuel, la coopération scientifique, technique et administrative.
Les 31 missions de coopération et d'action culturelle du secrétariat d'État à la Coopération vont devenir avec la réforme partie intégrante des ambassades.

D'autres services spécialisés

Toutes les administrations participant à l'action extérieure envoient peu à peu des représentants dans les missions diplomatiques. Il y a ainsi maintenant, en fonction des besoins, des conseillers agricoles, maritimes, sociaux, nucléaires, douaniers, de police, humanitaires, etc. Le Comité interministériel des moyens de l'État à l'étranger (CIMEE) a recensé 23 réseaux à ce jour.

L'ambassadeur chef d'orchestre

Chaque spécialiste joue un double rôle. Il dirige un service autonome et il est conseiller technique de l'ambassadeur, qui peut toujours évoquer une affaire à son niveau. Le développement des réseaux techniques aide l'ambassadeur à jouer son rôle de représentant de chacun des ministres. Sa responsabilité de coordonnateur en tant que dépositaire unique de l'autorité de l'État en est accrue : en général, il réunit toute l'équipe chaque semaine.

La progression des réseaux techniques accompagne l'élargissement des fonctions des missions diplomatiques. Les textes en vigueur font du chef de mission le maître du jeu. Il est responsable de tout ce qui intéresse la France dans son pays de séjour.

Le consul

Le consul est, dit-on souvent, le « chef de la communauté française » de sa circonscription. Cela signifie qu'il l'administre, mais surtout qu'il la protège.

Un métier très ancien et très actuel

L'institution consulaire date des croisades, sinon de l'Antiquité. En Orient, les consuls administraient souverainement leurs compatriotes. Colbert les avait rattachés à la Marine en 1669. La Révolution les transféra aux Affaires étrangères. Aujourd'hui, le statut international des consuls est fixé par la convention de Vienne de 1963 sur les relations consulaires. Il faut l'accord du pays d'envoi et du pays de séjour pour ouvrir un consulat. Le chef de poste consulaire* est un diplomate nommé par le président de la République, dont il reçoit une commission consulaire*. Il ne peut exercer avant d'avoir reçu l'autorisation – l'« exequatur » – du pays de séjour.

Le réseau consulaire

La France entretient 113 consulats généraux et 18 consulats. Il y a en outre 8 chancelleries détachées, aux attributions limitées, et 530 agences consulaires tenues par des consuls honoraires, c'est-à-dire en général des bénévoles ressortissants du pays de séjour. La carte consulaire évolue sans cesse.

historique | fonctions du ministère | structures

Le consul, administrateur et tuteur

Le consul recense les Français et les immatricule (ils n'y sont pas tenus, mais ils y ont tout intérêt). Les nouvelles techniques d'information et de communication, par exemple l'ouverture projetée de sites Internet, aideront à garder le contact avec les expatriés, surtout les jeunes, dont on perd facilement la trace. Le consul tient l'état civil, délivre passeports et pièces d'identité, met en règle avec le service national, établit certains actes notariés, dresse des procurations de vote et organise les élections. Il peut représenter ses nationaux en justice et les visiter en prison. Il secourt et rapatrie éventuellement les indigents. Il a aussi des attributions judiciaires et maritimes. Ce que les textes ne disent pas, c'est la responsabilité qui pèse sur le consul en cas de crise ou de catastrophe affectant les Français : le plan de sécurité le mieux à jour ne saurait tout prévoir. Par ailleurs, le consul, en liaison avec le ministère de l'Intérieur, délivre aux étrangers les visas d'entrée en France : il lui faut concilier la rigueur contre l'immigration illégale avec la souplesse envers les personnalités qui peuvent contribuer au progrès des relations bilatérales.

Le consul, relais de l'ambassadeur

De tout temps, le consul a été habilité à recueillir des informations commerciales et à stimuler les relations économiques. La création des postes d'expansion économique, certains d'ailleurs établis auprès des consulats, ne le dispense pas de cette tâche. Elle est même reconnue, avec l'ouverture récente des postes mixtes, dont le titulaire est à la fois consul et chef du PEE*. La mission d'information du consul ne s'arrête pas là : elle s'étend à tous les domaines – politique, culturel, technique et autres – et ne fait que croître. Le consul joue aujourd'hui dans sa circonscription un rôle de représentation et de communication analogue à celui de l'ambassadeur.

L'autonomie des consulats

Dans l'exercice de ses attributions propres, le consul est indépendant de l'ambassadeur, sauf à le tenir informé.

> Le consul est pour les Français à la fois le maire et le sous-préfet, avec la force publique en moins et un devoir d'assistance et de protection en plus. Pour les étrangers, il est comme l'ambassadeur, la France.

Représentation

Selon la convention de Vienne du 18 avril 1961 et le décret du 1er juin 1979, la première fonction du chef de mission diplomatique consiste à « représenter l'État accréditant auprès de l'État accréditaire ». Mais ce mot a plus d'un sens.

L'ambassadeur représente toute la France

À l'origine, l'ambassadeur représentait son souverain auprès d'un autre souverain. C'est la raison des honneurs qui lui sont toujours rendus et qui s'adressent non à sa personne, mais à son pays. Aujourd'hui, le chef de mission est toujours dans son pays de résidence l'image de son chef d'État. Mais en régime démocratique cela veut dire qu'il représente non seulement son gouvernement, mais aussi la France entière, dans son unité et sa diversité. C'est pourquoi, dans la tradition française, l'ambassadeur est censé n'avoir pas d'allégeance politique.

Représenter son pays, cela veut dire aussi qu'il faut toujours être prêt à assumer tout ce qui s'y passe, surtout ce qui peut prêter à critique dans le pays de séjour. Cette respon-

« *L'ambassadeur* [...] *représente le président de la République, le gouvernement et chacun des ministres.* »
Décret du 1er juin 1979.

historique | fonctions du ministère | structures

sabilité peut comporter le risque d'affronter des manifestations, des brimades, la menace d'être pris en otage et même de servir de cible.

Représenter, c'est enfin offrir la meilleure image possible de son pays, en public et en privé, car le chef de mission est toujours en représentation. Cela ne veut pas dire que le costume trois pièces soit constamment de rigueur. Au contraire, dans bien des pays, l'ambassadeur est plus souvent en manches courtes qu'en tenue de soirée. Et s'il pratique le rugby, il représentera dignement en jouant au rugby…, à condition de bien jouer !

L'ambassadeur représente auprès du pays de séjour tout entier

Le chef de mission représente son pays auprès de l'État accréditaire*, c'est-à-dire auprès du gouvernement ou, dans le cas d'une organisation internationale, auprès des organes directeurs et des autres chefs de mission. Dans le second cas, sa tâche de représentation est moins lourde. Mais dans une ambassade elle s'adresse en général au pays tout entier, puisqu'en régime démocratique tout un chacun est censé concourir plus ou moins à l'élaboration de la politique étrangère. L'ambassadeur a donc intérêt à voir le plus de gens possible, à se montrer en tous lieux et dans tous les milieux. Cela lui est facile, dans la mesure où il reçoit beaucoup d'invitations ; encore faut-il choisir entre celles qui lui vaudront des contacts utiles et celles où, au contraire, on compte sur lui pour apporter de la crédibilité à une manifestation qui en manque. En démocratie, encore, l'ambassadeur entretient normalement des contacts réguliers avec l'opposition. Là où elle est réduite à la clandestinité, l'ambassadeur se trouve devant un dilemme. Il ne peut méconnaître des opposants susceptibles de devenir demain des gouvernants et qui ont parfois déjà sa sympathie. Il ne doit pas non plus pouvoir être accusé par les autorités en place d'aider la subversion, en infraction avec son statut diplomatique. Il faut trouver des solutions au cas par cas. La règle d'or est que le diplomate agit au grand jour.

« Hier, vous deviez être à l'écoute des États, des gouvernements, de tout ce qui est officiel. Aujourd'hui, vous devez aussi être à l'écoute des peuples… » Discours du président de la République, Jacques Chirac, à la réunion annuelle des ambassadeurs, le 26 août 1998.

La fonction de représentation va bien au-delà du sens mondain où on l'enferme parfois. Elle est synonyme de responsabilité et offre des occasions privilégiées de communiquer.

Négociation

La diplomatie se situe par définition au point de contact entre deux ou plusieurs États souverains. C'est donc une branche de la puissance publique qui ne peut jamais recourir, même en dernier ressort, à la contrainte, et c'est la seule ; elle ne peut agir que par le dialogue, autrement dit par la négociation.

Négocier, qu'est-ce que c'est ?

Négocier, c'est dialoguer avec l'autre jusqu'à trouver un terrain d'entente. Ce n'est pas imposer sa volonté par la force, bien que la pression ne soit pas exclue. Ce n'est pas non plus, contrairement à une idée reçue, duper son partenaire : la ruse ne fait pas de meilleurs traités que la violence. Négocier, c'est d'abord bien expliquer sa position et chercher à bien comprendre ce que veut l'autre. C'est déterminer ce qui est le plus important pour chaque partie afin d'équilibrer les concessions. Négocier, c'est donc certainement marchander, avec ce que cela comporte d'astuce et de discrétion. Mais c'est aussi parler vrai, car le négociateur qui ment est vite démasqué ; n'inspirant plus confiance, il ne pourra qu'échouer.

« La véritable finesse est la vérité dite quelquefois avec force et toujours avec grâce. » Choiseul, cité par Jules Cambon, *Le Diplomate*.

historique | fonctions du ministère | structures

Négocier, c'est enfin dépasser les contradictions par un effort d'imagination, clé du succès. C'est pourquoi la négociation est un art, qui s'apprend peut-être, mais qui ne s'enseigne pas.

« *L'ambassadeur négocie au nom de l'État.* »
Décret
du 1er juin 1979.

Politiques et professionnels

On évoque parfois avec nostalgie le temps où de grands ambassadeurs menaient de bout en bout dans des capitales lointaines des négociations décisives. Les contacts directs entre responsables politiques auraient mis fin à cet âge d'or. C'est un peu un mythe. Les négociateurs d'autrefois demandaient des instructions à Paris et en recevaient de fort strictes. Cela demandait plus de temps qu'à présent. Mais, de toute façon, la négociation demande du temps. Or les politiques n'en ont guère. Il faut leur « déblayer le terrain », les débarrasser des questions secondaires, leur soumettre les points cruciaux, leur proposer des solutions à choisir. Il faut ensuite veiller à l'application des accords conclus, sinon en négocier les modalités. En outre, avec le développement des relations internationales, le volume des affaires à négocier s'accroît sans cesse. Tout cela laisse la part belle aux professionnels.

Une redistribution des tâches

C'est peut-être la répartition du travail entre diplomates qui a le plus changé. Une part importante des négociations est maintenant conduite par des envoyés des administrations centrales. Même s'il appartient à l'ambassadeur local de signer l'accord (sauf en présence d'un membre du gouvernement), il est vrai que la fonction de négociation des ambassades bilatérales, sans avoir disparu, s'est réduite. Mais c'est l'inverse pour les missions auprès des organisations internationales. Allégées de la plupart des fonctions de la diplomatie classique, ce sont des machines à négocier, vouées tout entières à cette tâche, articulée entre de nombreuses « formations » : conseils, assemblées, comités et autres groupes de travail, officiels ou non.

La fonction de négociation reste au cœur du métier diplomatique et s'est même développée. Ce sont plutôt les procédures qui ont changé.

Recherche de l'information

L'information transmise par la correspondance des ambassades est la source principale, et la plus originale, de l'information élaborée et diffusée par le ministère.

Un rôle traditionnel disputé

La recherche – ouverte – du renseignement est peut-être la plus ancienne mission des ambassades. Les rapports des ambassadeurs de Venise sont restés célèbres : ils observaient leur pays de séjour avec lucidité. C'est ce que font toujours les ambassades, mais elles sont, depuis longtemps maintenant, concurrencées par la presse. Le journaliste s'adonne tout entier à sa tâche d'information, qui pour l'ambassade n'en est qu'une parmi d'autres. Il a lui aussi, de nos jours, accès aux « grands de ce monde ». Et, moins voyant que le diplomate, il pénètre peut-être plus facilement tous les milieux. Il est ainsi souvent le premier à recueillir la nouvelle inédite, quand il ne la crée pas, puisque bien des fois le simple fait ne devient un événement que par l'écho qui lui est donné. Les ambassades ne cherchent donc pas à battre de vitesse les agences de presse. En outre, les techniques modernes créent de nouveaux rivaux pour les diplomates : Internet offre à chacun la faculté de diffuser partout des informations en temps réel sur tous les sujets.

Un rôle spécifique toujours actuel

L'information diplomatique conserve un rôle primordial pour plusieurs raisons. C'est une information privilégiée. L'ambassadeur la recueille à la source auprès des dirigeants. Ceux-ci, sachant que leur interlocuteur et son gouvernement garderont le secret si on le leur demande, ne lui tiendront pas

« L'ambassadeur est un espion autorisé par le droit des gens. » **Condillac,** *Dictionnaire des synonymes.*

exactement le même langage qu'à un journaliste, à qui l'on dit ce que l'on destine à l'opinion. Il se peut d'ailleurs dans les deux cas que les propos soient orientés : à l'auditeur d'en juger ! Du moins l'ambassadeur transmet-il ainsi à son gouvernement des informations confidentielles, au moins pour un temps, mais parfois jusqu'à l'ouverture des archives. C'est une information critique. L'ambassade n'annonce pas, sauf exception, le fait brut déjà connu par les agences, mais le fait vérifié et commenté à la lumière des dossiers, des observations antérieures, de l'expérience et des contacts de l'ambassade. Le foisonnement actuel de l'information rend cette critique encore plus nécessaire. Dans chaque matière, le diplomate doit s'efforcer d'être le meilleur expert de la place. Le journaliste, s'il en a le loisir, se livre d'ailleurs au même travail. La comparaison des deux analyses peut être savoureuse, surtout quand elles se contredisent et que le temps les a départagées.

C'est une information orientée, en ce sens que tout en restant objective elle n'est pas neutre, mais active. Elle est tournée vers l'action, à la différence de l'information de presse. Elle est destinée à aider le gouvernement à prendre des décisions. C'est le devoir de l'ambassadeur de tirer la leçon des informations qu'il envoie, de présenter des suggestions et des recommandations.

L'importance croissante des médias et le développement des techniques nouvelles d'information et de communication ont profondément modifié la fonction d'information des ambassades, mais plutôt pour l'étoffer.

Protection des intérêts

La protection des intérêts de l'État dont parle la convention de Vienne du 18 avril 1961 s'étend en pratique à la promotion des intérêts nationaux.

Diplomatie préventive

Le Pacte de stabilité en Europe de 1995, repris en 1999 pour les Balkans, en est un exemple type.

Intérêts politiques

Le mot « politique » n'est évidemment pas à prendre au sens électoral. Comme dans le cas de la « direction politique », il désigne ce qui met en jeu les options fondamentales du pays, et s'oppose ainsi à « technique ». À la limite, d'ailleurs, toute affaire technique qui atteint un certain degré de gravité devient politique. Ces affaires politiques n'ont rien perdu de leur poids. La plupart sont évoquées au plan multilatéral, car un des grands changements de notre temps est que ces différends ne sont plus acceptés comme des fatalités. Une diplomatie préventive est apparue qui voudrait déceler et désamorcer les crises. Et quand la prévention ne suffit pas, on voit apparaître, en Bosnie puis au Kosovo, ce que l'on pourrait appeler une diplomatie punitive. La diplomatie bilatérale n'est pas dépossédée pour autant, puisque ces initiatives multilatérales s'accompagnent de démarches dans les capitales des pays concernés.

Intérêts commerciaux, économiques et financiers

Les règles du jeu des affaires font de plus en plus l'objet de normes internationales négociées à l'OMC*, à l'Union européenne, à l'OCDE*, etc.

Il appartient aux représentants permanents de la France auprès de ces organisations d'y protéger nos intérêts. Ils sont relayés dans les capitales par leurs collègues bilatéraux, qui ont d'ailleurs aussi leur domaine : par exemple les accords de protection des investissements. Mais, sur le plan bilatéral, c'est l'appui aux entreprises françaises qui est le terrain d'élection de l'ambassadeur. Il n'a pas, bien entendu, à s'ingérer dans la gestion de leurs affaires, mais à répondre à leurs demandes et même à prendre l'initiative d'offrir son concours. Il met à leur service sa capacité d'influence et d'information. Dans les pays où l'économie est plus ou moins planifiée, les décisions portant sur de grands contrats sont souvent prises au plus haut niveau : l'ambassadeur est alors amené à intervenir auprès des autorités. En pays d'économie de marché, toute intervention de ce genre n'est pas exclue, mais le rôle de l'ambassade est essentiellement de conseil et de renseignement.

Intérêts culturels, scientifiques, techniques et autres

La France est le pays qui dépense le plus pour l'action culturelle et l'aide au développement : près de 5 milliards. La promotion de la langue française est une priorité. Offrir un enseignement français aux nationaux et aux étrangers, c'est la mission de l'AEFE*, avec ses 279 écoles et lycées totalisant 16 000 élèves dans 125 pays, des centres et instituts culturels, qui ont plus de 200 000 étudiants et élèves, de l'Alliance française*, qui en compte autant dans ses quelque 1 000 Alliances locales à travers le monde. Protéger les intérêts culturels, c'est aussi faire valoir notre héritage artistique et littéraire ainsi que la création contemporaine. La coopération scientifique et technique vise, elle, à présenter une France trop peu connue, celle des 6 Français titulaires de la médaille Fields (le Nobel des mathématiques) sur 36 lauréats. Cette coopération forme des cadres étrangers qui garderont l'habitude de travailler français. Enfin, la politique audiovisuelle extérieure bénéficie en 1999 d'une forte priorité.

Intérêts des Français

La protection des Français, établis ou de passage, est un des principaux aspects de la protection des intérêts nationaux. C'est au premier chef la mission des consuls, mais c'est en dernier ressort la responsabilité de l'ambassadeur.

Francophonie

Il y a 140 millions de francophones dans le monde ; 49 pays étaient représentés au dernier sommet francophone de Hanoi, en 1999.

De nos jours, toutes les formes de l'activité humaine ont des prolongements internationaux et ouvrent des champs nouveaux à la protection diplomatique.

Promotion des relations bilatérales

D'après la convention de Vienne de 1961 sur les relations diplomatiques et le décret de 1979 sur les pouvoirs des ambassadeurs, la promotion des relations amicales, notamment économiques, est citée parmi les fonctions des missions diplomatiques ; en fait, on devrait plutôt parler ici de relations dans tous les domaines.

Relations amicales et relations politiques

La convention de Vienne parle de relations amicales et ne dit mot des relations politiques. Cela implique que les relations politiques ne peuvent être qu'amicales. La convention ne pouvait guère dire autre chose, et pourtant ce n'est pas toujours le cas. Il arrive qu'un État condamne ouvertement la politique d'un autre, par exemple pour atteinte aux droits de l'homme : hier l'Afrique du Sud, aujourd'hui la Birmanie. La mission diplomatique devra marquer sur place une froideur délibérée. Pourtant, aussi longtemps que les relations ne sont pas rompues, l'ambassade doit sauvegarder ce qui peut l'être. C'est encore une façon de promouvoir des relations amicales.

De l'intérêt égoïste à l'avantage mutuel

Cela dit, il est bien vrai que les missions diplomatiques ont à promouvoir les relations bilatérales dans tous les domaines, les mêmes où elles ont à défendre les intérêts de leur pays. Mais ici les affaires sont envisagées sous un jour différent, qui tient compte d'un principe fondamental dans la réalité des relations internationales, celui de la réciprocité. On n'obtient pas de concession tarifaire ou autre en faveur de ses exportations sans contrepartie. La défense des intérêts de l'un se paie par l'octroi d'un avantage à l'autre – et induit en fin de compte

Une charte d'amitié à l'usage des États

Les Nations unies ont consacré en 1970 une longue déclaration aux relations amicales entre les États.

historique | fonctions du ministère | structures

un progrès dans leurs relations – … ou par un blocage si personne ne veut marchander. La promotion de relations mutuellement avantageuses, c'est en somme le développement positif de la protection des intérêts.

Des relations entre États aux relations entre personnalités

La promotion des relations comme la protection des intérêts regarde en premier lieu les États. Elle passe par l'échange de visites officielles à tous les niveaux : celles des ministres et des chefs d'État et de gouvernements déclenchent celles des hauts fonctionnaires et des techniciens. À ces rencontres, il faut ajouter les contacts entre les organes du pouvoir législatif et entre les collectivités territoriales, moteurs d'une coopération décentralisée en plein essor. Le chef de mission doit aussi encourager les relations bilatérales entre personnes morales privées ou semi-publiques : universités, instituts d'étude et de recherche, syndicats ouvriers et patronaux, organisations professionnelles. Les personnalités individuelles elles-mêmes sont vecteurs d'influence. La venue d'un Prix Nobel fait beaucoup pour le prestige de son pays, celle d'une chanteuse ou d'un footballeur aussi. En dernière analyse, si la mission diplomatique veut vraiment promouvoir les relations bilatérales, c'est sur toutes les composantes de l'opinion qu'il lui faut agir : c'est une affaire de communication.

Collectivités locales

Une loi de 1992 leur a accordé le droit de négocier – dans des limites précises – avec leurs homologues étrangers.

La promotion des relations entre les États vise les mêmes domaines que la protection de leurs intérêts, mais dans un esprit plus dynamique. Elle ne concerne pas seulement les États, mais l'ensemble des forces vives du pays.

Communication sur le terrain

La fonction de communication des missions diplomatiques ne figure nulle part dans les textes officiels, mais elle valorise toutes les autres.

Information

Le magazine *Label France* tire à 150 000 exemplaires en neuf langues.

Communiquer quoi ?

L'ambassadeur, pour représenter, négocier, informer, agir, doit bien connaître ses interlocuteurs et en être connu ; il doit communiquer dans tous les sens du terme. Il a toujours à la chancellerie un chargé de la presse pour l'y aider. Communiquer, c'est d'abord expliquer ce que fait la France aux autorités locales et à tous les acteurs qui peuvent exercer une influence ; pas seulement la politique de la France envers le pays de séjour, mais ses positions sur les sujets d'actualité. La Direction de la communication et de l'information transmet chaque jour les textes et déclarations officiels aux postes*, qui reçoivent aussi par télégramme* des commentaires sur les événements internationaux. Il appartient aux missions de faire le meilleur usage de ce matériel en fonction des circonstances. On n'agira pas de même aux États-Unis, où le «lobbying» est la règle, et dans tel pays autoritaire, où une ambassade trop active auprès de l'opinion serait vite taxée d'ingérence.

historique | fonctions du ministère | structures

Communiquer, c'est plus largement faire connaître la France telle qu'elle est. L'étranger s'en fait en général une idée plutôt sympathique mais souvent dépassée et faussée par des clichés. La France n'a certes pas à renier sa gastronomie et ses parfums, mais c'est une tâche toujours recommencée que de rappeler qu'elle produit aussi des TGV et des centrales à charbon propre, et qu'elle est la quatrième puissance économique du monde.

Communiquer à qui ?

Communiquer, cela se fait en répandant des documents, des revues et des dossiers. Cela se fait encore mieux en payant de sa personne. L'ambassadeur est quelqu'un qui écoute et qui parle, si possible dans la langue du pays. En privé aussi bien qu'avec des personnalités. Mais aussi dans des cercles plus larges : universités, colloques et grand public *via* les médias. Toute occasion est à saisir… ou à provoquer. Il faut à l'ambassadeur un vaste carnet d'adresses. À son arrivée, il rend visite à de nombreuses personnalités et il ne cesse d'en élargir le cercle, dans la capitale et en province. Il doit connaître personnellement la plupart des membres du gouvernement et des hauts fonctionnaires, ainsi que les principaux parlementaires, banquiers, industriels, universitaires, journalistes, syndicalistes, écrivains et artistes. Au bout de quelques mois, il doit savoir quel est l'interlocuteur le plus compétent sur chaque sujet et être en mesure de lui téléphoner. Il lui faut donc nouer des relations plus familières que de simples contacts administratifs. C'est le but des mondanités diplomatiques qui font parfois sourire ou grincer des dents les non-professionnels : on en dit plus un verre en main que dans un bureau officiel. La résidence est essentiellement le cadre et le support de cette action de communication. C'est là qu'un couple ambassadorial peut le mieux s'entraider. Le conjoint de l'ambassadeur, même secondé par un intendant pour mener l'« hôtellerie », a de quoi faire pour donner à l'accueil de la « maison de France » un « plus » qui servira l'image du pays.

> Ce que fait une ambassade, elle doit le faire connaître : la communication est la forme moderne de la représentation.

Glossaire

Accréditation, accréditer : reconnaissance officielle par l'État d'accueil (dit « accréditaire ») du chef de mission diplomatique nommé par l'État d'envoi (dit « accréditant »).

Agence pour l'enseignement français à l'étranger (AEFE) : établissement public sous tutelle du ministère des Affaires étrangères créé en 1990 pour gérer les établissements d'enseignement public français à l'étranger.

Agrément : consentement de l'État d'accueil à la nomination du chef de mission proposé par l'État d'envoi.

Alliance française : réseau d'associations autonomes de droit local sous l'égide de l'association mère française, se vouant depuis 1883 à la diffusion de la langue et de la culture françaises.

Association française d'action artistique (AFAA) : organisation fondée en 1922 pour favoriser les échanges artistiques avec l'étranger.

BERD : Banque européenne pour la reconstruction et le développement, créée en 1990.

BIRD : Banque internationale pour la reconstruction et le développement, créée en 1945 (dite aussi « Banque mondiale »).

Bleu : relevé de conclusions (sur papier bleu) des réunions interministérielles à l'hôtel Matignon, valant instruction pour les participants.

Chancellerie détachée : antenne d'un consulat située en dehors de la ville où il a son siège.

Chiffre, chiffrage : système de codage automatique des messages (télégrammes*) échangés entre les postes* et le Département*.

COFACE : Compagnie française d'assurance pour le commerce extérieur ; société nationale à sa création, en 1946, privatisée depuis et spécialisée dans la garantie des risques propres au commerce extérieur.

Commis : sous l'Ancien Régime, haut fonctionnaire.

Commission consulaire : lettre solennelle du président de la République conférant ses pouvoirs à un chef de poste consulaire*.

historique | fonctions du ministère | structures

Concours d'Orient : concours d'accès à la carrière diplomatique destiné à recruter des spécialistes des langues et civilisations d'Europe orientale, du Proche et Moyen-Orient, d'Afrique et d'Asie. Une section « allemand » y a été récemment ajoutée.

Conseil de l'Europe : la première organisation intergouvernementale européenne, fondée en 1949 à Strasbourg.

Conseil de sécurité : organe de décision de l'Organisation des Nations unies composé de 15 États dont 5 à titre permanent.

Département : à l'origine, ensemble des tâches attribuées à un ministre ou à un fonctionnaire. Département signifie ministère, mais celui des Affaires étrangères est pratiquement le seul pour lequel ce mot « Département » soit resté d'usage courant, et souvent employé seul.

DREE : Direction des relations économiques extérieures du ministère de l'Économie, des Finances et de l'Industrie.

EUTELSAT : organisation européenne de télécommunications par satellites.

FMI : Fonds monétaire international, créé en 1945.

Intranet : réseau de mise à disposition d'informations internes au ministère.

MEDEF : Mouvement des entreprises de France, ex-CNPF (Conseil national du patronat français).

OFPRA : Office français de protection des réfugiés et apatrides, établissement public sous tutelle des Affaires étrangères, créé en 1952.

OCDE : Organisation de coopération et de développement économiques, successeur, en 1960, de l'OECE.

OMC : Organisation mondiale du commerce, dérivée en 1995 de l'Accord général sur les tarifs douaniers et le commerce (GATT) de 1948.

OMS : Organisation mondiale de la santé, institution spécialisée des Nations unies, créée en 1948.

OSCE : Organisation pour la sécurité et la coopération en Europe, dérivée de la Conférence du même nom issue de l'Acte final d'Helsinki de 1975.

Glossaire (suite)

OTAN : Organisation du traité de l'Atlantique Nord, dérivée du traité d'alliance de Washington (1949).

PESC : Politique étrangère et de sécurité commune entre pays membres de l'Union européenne, institutionnalisée par le traité de Maastricht.

Poste : toute représentation officielle de la France à l'étranger.

PEE : poste d'expansion économique, antenne de la DREE* à l'étranger.

Régalien : « du roi », autrement dit qui relève de la souveraineté de l'État.

SGCI : Secrétariat général du comité interministériel pour les questions de coopération économique européenne, organe de gestion de la politique de la France envers l'Union européenne, dépendant du Premier ministre.

Télégramme : message transmis par moyens électroniques, généralement chiffré*, entre les postes* et le Département*.

historique | fonctions du ministère | structures

Glossaire (suite)

UEO : Union de l'Europe occidentale, la seule organisation européenne compétente en matière de défense, créée en 1955.

UNESCO : Organisation des Nations unies pour l'éducation, la science et la culture, fondée en 1946.

Valise diplomatique : de gros sacs de jute scellés de cire rouge qui prennent l'avion une ou deux fois par semaine, convoyés par un « courrier de cabinet » lorsque leur contenu est confidentiel.

Bibliographie

Il ne manque pas de bons livres sur les relations internationales vues sous les angles historique, juridique ou même économique. Par contre, rares sont les ouvrages français sur la conduite de la politique étrangère, et en particulier sur l'administration qui en est chargée. Sans remonter trop loin, on peut citer quelques titres.

Ouvrages

CHAZELLE (Jacques), *La Diplomatie*, coll. « Que sais-je ? », PUF, 1962.
Vieilli, mais non remplacé.

COLLECTIF, *Les Affaires étrangères et le corps diplomatique français*,
2 tomes, CNRS, 1984.
Exhaustif et fondamental pour tous les aspects historiques et quelques autres.
Cet ouvrage est épuisé, il faut le consulter en bibliothèque.

GEORGY (Guy), *La Folle Avoine*, J'ai lu, 1993, épuisé.
Le Petit Soldat de l'Empire, J'ai lu, 1994, épuisé.
L'Oiseau sorcier, Flammarion, 1993.
Kadhafi, le berger des syrtes, Flammarion, 1996.
4 volumes de souvenirs de la vie quotidienne d'un ambassadeur.

Bibliographie (suite)

KESSLER (Marie-Christine), *La Politique étrangère de la France*,
Presses de Sciences-Po, 1998.
Approche universitaire, donc extérieure, mais scrupuleuse ;
le seul ouvrage récent sur le sujet.

PANCRACIO (Jean-Paul), *Dictionnaire de la diplomatie*,
Micro Buss-Éditions G. de Bussac, 1998.
Complet, bien à jour et bien informé, très utile.

PLAISANT (François), *L'Ambassadeur et le consul*,
coll. « Raconte-moi », Nouvelle Arche de Noé, 1999.
Vulgarisation pour les jeunes, très actuel.

Revues et recueils de textes

Publication du *Journal officiel* :
Ministère des Affaires étrangères ; attributions-organisation,
3ᵉ édition revue et augmentée, 1996.
Recueil complet des textes concernant la conduite de la politique étrangère.
Fondamental.

Revue française d'administration publique :
« Les Affaires étrangères », n° 69, janvier-mars 1994.
« L'action extérieure de l'État », n° 77, janvier-mars 1996.
Recueil d'articles très actuels, la plupart intéressants.

Site Internet
www.france.diplomatie.gouv.fr

Conseils aux voyageurs sur ce site
www.france.diplomatie.gouv.fr/voyageurs

historique | fonctions du ministère | structures

Index

Le numéro de renvoi correspond à la double page.

Dans la collection *Les Essentiels Milan*
derniers titres parus

Dans la collection *Les Dicos Essentiels Milan*

Dans la collection
Les Essentiels Milan Du côté des parents

Responsable éditorial
Bernard Garaude
Directeur de collection – Édition
Dominique Auzel
Secrétariat d'édition
Cécile Clerc
Correction – Révision
Élisée Georgev
Iconographie
Sandrine Batlle
Conception graphique
Bruno Douin
Maquette
Didier Gatepaille
Illustrations
Jacques Azam
Fabrication
Isabelle Gaudon
Sandrine Bigot
Flashage
Exegraph

*Les erreurs ou omissions
involontaires qui auraient pu
subsister dans cet ouvrage malgré
les soins et les contrôles de l'équipe
de rédaction ne sauraient engager
la responsabilité de l'éditeur.*

© 2000 **Éditions MILAN**
300, rue Léon-Joulin,
31101 Toulouse Cedex 100 France

Aubin Imprimeur, 86240 Ligugé. — D.L. février 2000. — Impr. P 59688